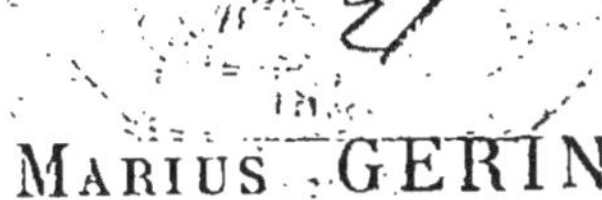

MARIUS GERIN

LES ÉDITIONS DES PAMPHLETS

DE

CLAUDE TILLIER

NEVERS

MAZERON FRÈRES, ÉDITEURS

1908

Prix : 1 fr.

Marius GERIN

LES ÉDITIONS DES PAMPHLETS

DE

CLAUDE TILLIER

NEVERS
MAZERON FRÈRES, ÉDITEURS
1908

DU MÊME AUTEUR

SUR CLAUDE TILLIER

Pages Nivernaises : Études sur Claude Tillier (1801-1844), avec portrait inédit. — Première Série : Biographie. — Le Maître d'école. — Premiers Pamphlets. — Le Journaliste. — Idées littéraires et artistiques de Tillier. — Poésies (Paris, GARNIER FRÈRES, éditeurs), 1902. — Prix . . . . 3 fr. 50

Claude Tillier en Espagne (Souvenirs inédits), avec une introduction et des notes (Nevers, MAZERON FRÈRES, éditeurs), 1903. Prix . . . . 2 fr. 50 (Épuisé).

Variantes de « Mon Oncle Benjamin », conformes au texte de 1842, extraites du journal l'*Association* (Nevers, MAZERON FRÈRES, éditeurs), 1903. — Prix . . . . 2 fr. (Épuisé).

Lettres et Documents sur Claude Tillier, publiés avec notes et commentaires (Nevers, TH. ROPITEAU, éditeur), 1905. Prix. . . . . 2 fr.

CLAUDE TILLIER. — *Les Variantes de « Mon Oncle Benjamin »*, Texte intégral (Nevers, TH. ROPITEAU, éditeur, 1905. Prix. . . . . 1 fr. 50

CLAUDE TILLIER (1801-1844). — *Notice et Extraits*. Édition publiée sous le patronage du Comité Claude Tillier et de la Société scientifique et artistique de Clamecy (Nevers, TH. ROPITEAU, éditeur), 1905. — Prix . . . . 0 fr. 50

La Réputation de Claude Tillier en France et à l'Étranger. (Étude publiée dans le *Bulletin* de la Société scientifique et artistique de Clamecy), 1905.

CLAUDE TILLIER. — *Pamphlets 1840-1844*. Édition critique publiée avec introduction, notices historiques et notes (Paris, A. BERTOUT, et Nevers, MAZERON FRÈRES, 1906). — Prix. 12 fr.

L'Humour dans « Mon Oncle Benjamin ». Étude publiée dans le *Bulletin* de la Société scientifique et artistique de Clamecy 1907.

RÉPONSE

A

M. Paul CORNU

ARCHIVISTE PALÉOGRAPHE

auteur de

« *Quelques Recherches sur Claude Tillier* »

(Mémoires de la Société Académique du Nivernais, 1908) (1)

---

(1) Et en brochure, Nevers, imprimerie de la *Tribune*, 1908. Je suis, dans cette réponse, la pagination de la brochure (29 pages).

LES ÉDITIONS

DES

PAMPHLETS DE CLAUDE TILLIER

A PROPOS DE

« Quelques Recherches sur Claude Tillier »

PAR M. P. CORNU

(Mémoires de la Société Académique du Nivernais, 1908)

I

La querelle du Pamphlet-pétition.

Un peu de polémique au sujet de Claude Tillier ne saurait surprendre; et, dans l'examen que je me propose de faire des *« Quelques Recherches sur Claude Tillier »*, par M. P. Cornu, je suis bien sûr que l'ombre du pamphlétaire s'irriterait, si je fuyais la lutte qui m'est offerte.

On peut aujourd'hui remercier M. Paul Cornu d'avoir pris la peine de publier les documents qui forment, aux Archives départementales de la Nièvre, le dossier politique de Claude Tillier.

Les recherches heureuses de M. de Flamare (1) et les miennes ont ainsi trouvé un éditeur.

M. Cornu me fait sans doute la grâce de déclarer dans une note que j'ai « connu ce dossier » (2) et que je l'ai « brièvement utilisé »; aussi lui sais-je gré de son honnêteté.

(1) Archiviste départemental de la Nièvre.

(2) Cf. *Lettres et Documents*, p. 39-40 et *Pamphlets*, édition 1906, p. 332, note 5 sur le Pamphlet XVI; et p. 393, notice du Pamphlet XX, lig. 12-22.

C'est toujours une satisfaction de voir que les vêtements, dont on s'est quelque peu servi, peuvent encore aller à d'autres. (1) Mais il est bon aussi de n'être pas isolé dans ses recherches, d'avoir même des contradicteurs, fussent-ils mal armés, pour vous obliger à des clartés plus grandes.

Le premier coup de filet de M. Cornu avait été un coup de maître. Il avait retrouvé le *Pamphlet-pétition* de C. Tillier, imprimé pour la première fois en 1849 dans le *Bien du peuple*, organe démocratique nivernais. Malheureusement, en le faisant publier par son ami M. Dunois-Catonné, qui possédait sur les démêlés de Tillier instituteur des pièces curieuses, mais peu utilisables sans le texte même du pamphlet, M. Cornu oublia de donner un renseignement capital et décisif sur la provenance de sa trouvaille; de sorte que, faute de cette indication, le texte si altéré de ce pamphlet ne pouvait être que difficilement vérifié. Je cherchai néanmoins aux Archives départementales de la Nièvre, d'abord le *Bien public*, et je me convainquis qu'il y avait erreur sur le titre. Il fallait lire le *Bien du peuple*. Puis je vis que les numéros 69 et 70 manquaient à la collection, du reste incomplète, de ce journal. A la Bibliothèque municipale de Nevers, j'eus la chance d'exhumer le nº 70, mais hélas ! juste la partie non controversable du pamphlet. Comment donc, après cela, n'aurais-je pas constaté cette difficulté de contrôle, dans les *Notes critiques* que je publiais l'an passé. *(Bulletin de la Société scientifique et artistique de Clamecy*, 1907, p. 37) ?

---

(1) On me demandera peut-être pourquoi, ayant utilisé le dossier politique de Tillier, je ne l'ai pas reproduit *in extenso* dans l'une de mes publications. C'était une question de tact. Cherchant à réhabiliter Tillier dans l'opinion publique, j'eusse commis une insigne maladresse de produire dès le début, et bien que je les crusse dictés par la passion politique, les renseignements abominables fournis sur lui en 1843 et 1844 par la Préfecture de la Nièvre, et qui le représentaient comme un homme vicieux, ivrogne et « peu estimé dans son parti ». Je n'allais pas fortifier les haines déjà trop tenaces qu'à cette époque encore (1902) on manifestait à Nevers, dès que quelqu'un s'avisait de parler de Tillier. « C'était un méchant homme », m'a-t-on souvent répondu; et M. P. Meunier, dans son *Nevers historique et pittoresque*, guide à l'usage du touriste (Nevers, Mazeron, 1901, 2e édition, in-12), s'est fait l'écho de cette opinion.

M. Cornu était venu chez moi, à la fin de juillet 1906, m'annoncer comme toute récente sa *découverte* (je tiens à ce mot pour lui faire honneur), mais il s'était dérobé sur la question d'origine. — « Soit ! me dis-je, n'insistons pas; ma curiosité sera certainement satisfaite par l'éditeur du pamphlet. » Pas du tout ! l'éditeur observa le même silence sur la question d'origine. M. Catonné, l'ami, le confident, n'était pas mieux renseigné. Il ne donna point dans sa *Notice* la version, cette fois détaillée (avec indications d'archives), que M. Cornu, piqué par mes *Notes critiques*, nous étale victorieusement aujourd'hui dans ses « *Quelques Recherches sur Claude Tillier,* » p. 27-28.

M. Cornu me reproche amèrement de n'avoir pas poussé plus loin mes investigations. (1) Mais il ne doit s'en prendre qu'à lui-même; car, lorsqu'il me fit part de sa trouvaille, il se garda bien, — pour détourner mes recherches personnelles, — de me dire qu'il n'avait en mains qu'une copie du *Pamphlet-pétition*. Il me parla seulement de deux numéros isolés. Pouvais-je me douter qu'ils appartenaient à un volume in-folio (2) ? Et je tombai naïvement dans le piège. Il ne doit pas être surpris aujourd'hui des conséquences de son habileté. L'expression de mon désappointement : « ces deux numéros, découverts *je ne sais comment* » a pu donner lieu à une fausse interprétation dans l'esprit de M. Cornu, mais dans son esprit seul, conscient d'un manque de netteté volontaire. Je m'étonne pourtant que sa conscience, que j'ai toujours supposée tranquille, ait pu s'effaroucher au point de lui faire perdre toute justesse dans sa critique forcenée de mon œuvre.

Je serai plus modéré; et, pour commencer, je lui exprime ici mes regrets d'avoir, avec tant de candeur,

---

(1) En vérité, comment M. Cornu procède-t-il lui-même, puisque négligeant la source la plus certaine d'information qu'en l'espèce il pût consulter, il ne me demanda pas de lui faire connaître *de visu* l'édition des Pamphlets de 1844, et préféra bâtir sur une *erreur de fait* tout un réquisitoire ?

(2) M. Cornu, p. 28 l. 1 de sa brochure dit que le *Bien du peuple* parut à partir du 5 décembre 1847; c'est une erreur, il faut lire 1848.

blessé sa sensibilité ombrageuse; regrets atténués néanmoins, puisque mes simples constatations ont eu tant d'importance qu'elles me valent aujourd'hui,

— la précision que je cherchais sur l'origine du *Pamphlet-pétition,*

— l'examen d'un document nouveau,

— enfin l'amusement de relire Tillier pour réfuter des affirmations téméraires et tendancieuses sur mon édition des Pamphlets de 1906. (1)

Car M. Cornu, avec une inquiétante audace de déduction et un ton irrité qu'un autre lecteur que moi ne saurait comprendre, m'attaque (excusez du peu !) dans ma probité d'éditeur.

Du fait que la Bibliothèque nationale possède deux séries *reliées* de pamphlets-fascicules de Tillier, il conclut hardiment :

1° Qu'il n'y eut pas de pamphlets sous couverture verte ;

2° Que l'édition en volume *De Choses et d'autres* (1844), pour un public autre que celui des abonnés est *« purement imaginaire »;*

3° Que, dans l'hypothèse où l'éditeur Sionest aurait relié pour la vente « un résidu de brochures », le volume ainsi obtenu ne différerait *« en rien »* du recueil des fascicules envoyés aux abonnés ;

4° Que je n'ai donc fait que rééditer l'édition de 1846.

En transcrivant cette série d'erreurs, je me reproche presque de les prendre au sérieux et de vouloir les réfuter avec ce « zèle inutile » dont parle mon aimable contradicteur.

Mais, comme disait Claude, au terme d'une douce rêverie, « on m'appelle... il faut que ma tâche s'accomplisse ! »

Procédons, s'il vous plaît, par ordre.

---

(1) Et non de 1903 comme le déclare à tort M. Cornu (*Qq. R.*. p. 9, note 2).

II

Le Document V

Sur les cinq documents publiés par M. P. Cornu, il en est un, le cinquième, que j'ai ignoré, parce que sa découverte aux Archives départementales de la Nièvre est postérieure à mon édition.

La pièce est d'importance ; à elle seule, elle vaut presque les quatre déjà connues de la brochure ; elle suffirait à justifier le pluriel du titre « *Quelques recherches*, etc... ».

C'est une lettre adressée le 18 août 1844 par le Ministre de l'Intérieur au Préfet de la Nièvre, sur la question de savoir si l'on doit assujettir les pamphlets de Tillier au timbre et leur éditeur au cautionnement.

Ce document nous prouve l'habileté, je dirais presque la rouerie de l'éditeur de Tillier, pour échapper aux griffes du fisc. Voici comment :

On sait que Tillier, ruiné par le procès qu'intenta M. Avril à l'*Association*, dut renoncer au journalisme, faute de pouvoir fournir désormais le cautionnement de 6.000 francs exigé par la loi du 18 juillet 1828. Il n'était cependant pas homme à se taire, et il chercha un ingénieux moyen de remplacer l'*Association*, c'est-à-dire de continuer ses attaques contre la monarchie de juillet, cette fois sans bourse délier.

Or, sachant pertinemment que les écrits périodiques de caractère politique et paraissant par livraisons, même irrégulièrement, étaient, tout comme les journaux, soumis au cautionnement, il n'eut garde de faire déclarer par son imprimeur Sionest, qu'il était dans l'intention de publier des écrits périodiques ; mais, dès qu'il eut composé son pamphlet « *Comment l'*Association *peut être remplacée* », il fit faire, le 6 juillet 1843, la déclaration d'un ouvrage complet, sous le titre : « *De Choses et d'autres* », vingt-quatre pamphlets, par C. Tillier (Sionest, Nevers,

1 vol. in-12) et effectuer, sous ce titre, le dépôt légal du premier pamphlet, le 8 juillet.

Comprend-on cela? Déclarer *volume* une feuille d'imprimerie! Déclarer vingt-quatre pamphlets sur une couverture qui n'en enveloppe qu'un seul! Publier une œuvre *sans date*, de manière à dissimuler le caractère de périodicité des pamphlets!

N'était-ce pas là une déclaration illusoire au premier chef? Supposez que Tillier fût mort après le premier pamphlet de la première série, comme ce malheur arriva au milieu de la seconde, où était le volume? où les vingt-quatre pamphlets? Voilà ce dont l'Administration peu clairvoyante eut le tort de ne pas se soucier.

Mais l'idée de Sionest, d'empêcher qu'on ne considérât les pamphlets comme des écrits périodiques, ne s'est pas seulement manifestée par cette étrange déclaration et ce singulier dépôt. Il ne fit point par la suite de dépôts réguliers. Le registre des déclarations et dépôts d'imprimeurs (*Archives départementales de la Nièvre*) mentionne bien un second dépôt le 16 août 1843 (2e, 3e et 4e pamphlets), mais ce fut tout.

Pour les pamphlets de la seconde série, Sionest prit encore mieux ses précautions; il dégagea sa responsabilité d'éditeur et prévint l'imputation d'écrits périodiques en déclarant qu'il avait l'intention d'imprimer, *pour le compte de l'auteur*, un *ouvrage* (?) sous le titre de *Pamphlets de C. Tillier* (2e série), à paraître *par livraisons*, à des époques *indéterminées* (1). Et, pour cette seconde série, il ne fut mentionné sur le registre des imprimeurs ni dépôt légal, ni envoi à Paris.

Quand l'agitation provoquée par les pamphlets de

(1) Voici les termes de la déclaration : «Ce jourd'hui 20 juillet 1844, Ch. Sionest déclare être dans l'intention d'imprimer, pour le compte de l'auteur, un ouvrage ayant pour titre : *Pamphlets de C. Tillier* (2e série). Ledit ouvrage formera environ 15 feuilles format in-12, sera tiré à 500 exemplaires et paraîtra par livraisons à des époques indéterminées. . » C'était l'annonce de la 2e série pour les abonnés. On sait ce qu'il advint par suite de la mort de Tillier, le 12 octobre 1844. Les 15 feuilles furent réduites à 12 à peine (exactement 282 pages) qui, autant qu'on peut l'affirmer en l'absence de document, ne furent pas constituées en volume pour la vente, comme la 1re série.

Tillier eut suscité des embarras au Préfet, il se trouva désarmé; il ne put établir matériellement cette périodicité des écrits sans date du pamphlétaire, et il demanda des instructions au Ministre de l'Intérieur qui, saisissant le point vif de la question, la résolut en ces termes :

« Ces écrits ne doivent pas être considérés comme pri-
« vés d'un tel caractère (*celui de périodicité*), par cela
« seul qu'ils n'ont pas été annoncés d'avance comme
« devant paraître à des époques fixes. Si, par le fait, ces
« brochures désignées par un titre commun, quoique por-
« tant des sous-titres divers, composent également une
« seule et même série dont les numéros ont paru à moins
« d'un mois d'intervalle l'un de l'autre, on devra néces-
« sairement reconnaître, dans une pareille publication,
« tous les caractères de la périodicité telle que l'entend la
« loi du 18 juillet 1828. »

Cet intervalle entre chaque pamphlet, j'ai tâché de l'établir dans mes *Notices*, en précisant les circonstances qui avaient donné lieu au pamphlet. On voit donc l'habileté de Sionest pour éviter que l'apparition des pamphlets « à moins d'un mois d'intervalle » ne pût être constatée. Autre précaution : Aucune livraison n'était vendue séparément. (Renseignement donné sur la couverture verte du premier pamphlet de la 2e série).

M. Cornu remarque (1) que les registres d'inscription des dépôts aux Archives nationales ne mentionnent pas les pamphlets 2, 3, 4, 5, 6, 14, 15 et 16, et que, d'autre part, le *Journal de la Librairie* ne donne pas les pamphlets 7, 8, 17, 18, 19, 20, 21, 24. Ce sont là des preuves indirectes de l'irrégularité voulue de Sionest dans ses déclarations et dépôts (2). Il pouvait en effet prétendre qu'ayant fait en

(1) *Qq. Rech.*, p. 14, note 2.

(2) Comment donc la Bibliothèque nationale a-t-elle pu recueillir les pamphlets des deux séries? Il est probable que les fascicules ont fini par être envoyés en bloc et sur réquisition ; une première fois, quand la 1re série était déjà complète, — ce qui permit au Préfet de la Nièvre, dans son rapport du 1-20 juillet 1844, de déclarer avec certitude que les écrits de Tillier avaient été envoyés à la Police générale et au Bureau de l'Imprimerie et de la Librairie, — une seconde fois, après la mort de Tillier. Toujours est-il que le registre des déclarations et dépôts d'imprimeurs, à Nevers, ne signale le dépôt, en deux fois, que des 4 premiers pamphlets. Et cette cessation est très significative.

bloc la déclaration d'un volume de vingt-quatre pamphlets, il était dispensé de toute autre déclaration ou dépôt, et je serais assez porté à penser que la cessation de ses dépôts après le quatrième pamphlet eut pour but de faire croire qu'éditant un volume par fragments, à des dates invérifiables, il ne publiait pas ainsi des écrits périodiques.

Aussi, quand M. Cornu appelle le recueil des pamphlets originaux « l'édition *périodique* en brochures (1) », se sert-il, historiquement parlant, d'un terme impropre, qui eût fait crier Tillier et son éditeur, puisque désigner les pamphlets sous le nom d'écrits périodiques, c'eût été soumettre l'éditeur au cautionnement.

Quand, le 29 juin 1844 (2), eut paru le 24e pamphlet, et que la première série fut close, Sionest avait moins que jamais de déclaration à faire. Qu'aurait-il déclaré, en effet? *De Choses et d'autres*, vingt-quatre pamphlets, par C. Tillier, 1 vol. in-12? Mais il l'avait déclaré le 6 juillet 1843. Déposer l'ouvrage complet? Mais il avait cessé ses dépôts de brochures; déclarer et déposer une édition pour le public, comme celle qu'il préparait? Mais alors c'eût été avouer que, le 6 juillet 1843, sa déclaration d'un volume in-12 de vingt-quatre pamphlets était une plaisanterie destinée à masquer toute une suite d'écrits périodiques envoyés à des abonnés comme de simples journaux. Il prit le parti de laisser les choses en l'état qu'il avait créé et de ne rien déclarer du tout.

Et, nonobstant ce silence, il édita pour le public le volume *De Choses et d'autres* sous un aspect plus présentable que le recueil factice des livraisons aux abonnés. Cette première série fut réimprimée sur papier plus blanc et en outre, dans *un tiers* de son contenu, elle fut soigneusement revisée au point de vue typographique.

Ainsi naquit l'édition de 1844.

---

(1) *Qq. Rech.*, p. 20.
(2) Doc. IV (*Qq. Rech.*, p. 13).

III

L'édition « De choses et d'autres » de 1844.

Dans cette édition en volume, Sionest laissa subsister plusieurs caractères de l'édition en brochures :

1° La nouvelle couverture resta *sans date* comme l'ancienne ;

2° Les mêmes clichés furent utilisés ;

3° Il y eut aussi juxtaposition des pamphlets avec pagination propre, comme dans un recueil factice des brochures ;

4° Enfin les *deux tiers* des pamphlets furent identiques dans les deux éditions.

Avant de passer aux différences, expliquons la date de 1844 que j'ai indiquée pour l'édition en volume de la série des vingt-quatre pamphlets.

Cette date s'impose, parce que cette première série ne fut terminée que fin juin 1844 et que, dès l'année 1845, Sionest s'est mis à préparer l'édition de 1846, comme il appert : 1° de sa déclaration du 21 janvier 1845 (Registre des déclarations d'imprimeurs) (1); 2° de l'annonce de son *Almanach de la Nièvre pour 1846* (p. 234).

Œuvres complètes de C. Tillier.

« Des circonstances indépendantes de la volonté de « l'éditeur ont retardé la publication de cet ouvrage. — « Les deux premiers volumes sont terminés (*entendez les « deux romans*) et paraîtront dans le courant de jan- « vier 1846. — Le troisième volume est sous presse. » (*Entendez le premier volume des Pamphlets*).

(1) « Le 21 janvier 1845, Sionest déclare être dans l'intention d'imprimer, au nombre de 1.000 exemplaires, format grand in-18, un ouvrage ayant pour titre: *Œuvres complètes de C. Tillier*, lequel ouvrage formera environ 40 feuilles et sera enrichi d'illustrations. » — La date du dépôt est du 28 juillet 1846 et l'envoi à Paris du 18 septembre 1846.

Si donc ce fut dans l'année 1845 que Sionest entreprit l'édition des Œuvres complètes, il est de toute évidence que l'édition en volume « *De Choses et d'autres* » ne put paraître que dans les six derniers mois de 1844. Or, il n'est pas douteux que, prévoyant à quel moment serait close cette première série, Sionest ne fût en mesure d'offrir au public le volume complet presque en même temps qu'il envoyait le dernier pamphlet aux abonnés, c'est-à-dire en juillet 1844. La mort de Tillier, survenue le 12 octobre, suscita tout naturellement l'idée d'une édition de ses Œuvres complètes. Et j'en trouve la preuve, cette fois, au dos de la couverture verte du dernier fascicule des Pamphlets de la deuxième série, qui parut en novembre 1844. Voici l'annonce de Sionest :

SOUSCRIPTION

ŒUVRES COMPLÈTES

DE

C. TILLIER

4 volumes, format anglais.

4 francs le volume. — 4 fr. 50 par la poste.

Les Œuvres de C. Tillier seront publiées dans l'ordre suivant : (1)

Mon Oncle Benjamin	1 vol.
Pamphlets.	1 vol.
Cornélius et Belle-Plante. . .	1 vol. (2)
Mélanges, Poésies, etc.	1 vol.

On souscrit, sans rien payer d'avance, à Nevers, chez C. SIONEST, imprimeur-éditeur, rue du Fer, 16.

(1) Cet ordre ne fut pas respecté. On sait que l'édition de 1846 donna t. I et II les romans, et t. III et IV les pamphlets. Mais je m'imagine que Sionest, en indiquant cet ordre, ne songeait sans doute pas à faire cette édition avec de nouveaux caractères et qu'il comptait utiliser les clichés des Pamphlets et le volume qu'il tenait tout prêt et que, pour cette raison, il mit au second rang.

(2) Le titre définitif fut *Belle-Plante et Cornélius*.

Ces fameuses couvertures vertes, que M. Cornu n'a vues nulle part et dont il nie pour cette raison l'existence, comme il nie la réalité de l'édition de 1844 pour ne l'avoir point trouvée à la Bibliothèque nationale, ont donc leur utilité, puisque l'une d'elles, sans parler d'autres renseignements, aide à fixer une date d'édition. (1)

---

(1) Voir ci-dessus une autre indication donnée par la couverture verte du 1er pamphlet de la 2e série. — Réglons, une fois pour toutes, cette question accessoire, que j'avais exposée clairement déjà en 1903, dans mes *Lettres et Documents*, p. 37, l. 7, note 2 (note que je n'ai fait que reproduire dans mon édition de 1906). M. Cornu a, par inadvertance, appliqué à tous les pamphlets de Tillier la note que je n'ai écrite qu'à propos de la seconde série. Ce début de phrase : « Chaque pamphlet, formant une petite brochure sous couverture verte, format in-12..., » est suivi, dans mon édition, des mots : « ..... n'était envoyé qu'aux seuls souscripteurs, 6 francs pour les 12 pamphlets de la 2e série. » J'ajoutais qu'aucune livraison n'était vendue *séparément*, et que cette collection (entendez naturellement cette collection de livraisons *séparées*, avec leur couverture verte) était rare et ne se trouvait dans aucune Bibliothèque publique. Et en effet, même à la Bibliothèque nationale, ces livraisons séparées avec couverture verte n'existent pas; elles ont été dépouillées de leur couverture et reliées en volume. M. Cornu a vraiment l'art d'accommoder des citations à ses vues personnelles. Ce membre de phrase : « Chaque pamphlet, *formant* une petite brochure sous couverture verte....» qui doit être complété, comme je viens de le dire, se transforme, sous ses ciseaux magiques, en cette phrase isolée et de caractère général : « Chaque pamphlet *forme* une petite brochure verte, format in-12. » (*Qq. Rech.*, p. 22, lig. 10-11). — D'autre part, même en appliquant à tous les pamphlets de Tillier la seconde phrase : « Cette collection ne se trouve dans aucune Bibliothèque publique », on sera bien forcé d'avouer qu'elle est encore exacte, si l'on songe que Tillier n'a pas écrit seulement les deux séries qui se trouvent à la Bibliothèque nationale, mais encore une dizaine d'autres pamphlets que j'ai donnés dans mon édition de 1906, par exemple : les deux *Flotteurs, Un peu de théologie...*, les *Lettres au Système, Je veux être recensé, M. Nolens et M. Volens*, pour ne parler que de ceux qui ont paru en *brochures*. A l'égard de *M. Nolens et M. Volens*, je donne acte à M. Cornu d'une erreur de transcription qu'il a relevée. La date du 10 juin 1843 est exacte, mais c'est celle du dépôt légal de la brochure; j'ai écrit par erreur devant cette date le mot *Association*. Or, le journal avait cessé de paraître le 14 mai. Les élections municipales, à Clamecy, eurent lieu le dimanche 11 juin 1843 (Arch. de la Nièvre) et non le 13, comme le dit M. Cornu. Il n'y eut à cette dernière date que des élections de ballottage. Or, pour que le pamphlet pût produire son effet, il dut être envoyé de Nevers à Clamecy avant la date des élections, c'est-à-dire au début de juin. Il fut donc très vraisemblablement composé fin mai. Le journal l'*Association* ayant cessé de paraître depuis le 14 mai, Tillier avait repris contre M. Paillet la plume du pamphlétaire. L'éditeur Sionest attendit naturellement la dernière heure pour effectuer son dépôt légal, juste la veille des élections.

Établissons maintenant les différences (1) entre l'édition en brochures (juillet 1843 à fin juin 1844) et l'édition en volume (juillet 1844).

Huit pamphlets (les 1, 2, 3, 4, 7, 8, 9, 10), ont été revisés dans l'édition en volume.

Pour les pamphlets 5 et 6 (*Du Pamphlet; — A M. Dufêtre, sur l'indemnité de route...*), remarquons qu'ils sont de style très soigné. C'est dans le 5e pamphlet que se trouve cette rêverie délicieuse où Tillier, accoudé sur la fenêtre de son atelier, contemple la belle vallée de la Nièvre; d'autre part, dans le 6e pamphlet, Tillier, s'adressant pour la première fois directement à un prélat, et sachant que son écrit irait à son adresse, lui avait donné une forme très littéraire. Il n'est donc pas surprenant que ces deux pamphlets aient été tout de suite particulièrement soignés au point de vue typographique et qu'ils n'aient pas eu besoin de retouches.

A partir de la *Dotation du duc de Nemours*, écrit de politique générale, l'impression des pamphlets fut si bien surveillée que, — à part la qualité du papier, (2) — il n'y a pas, pour les pamphlets de cette première série, de différences appréciables entre l'édition en volume et l'édition en brochures. (3)

---

(1) Voici les documents dont je dispose :

I. — Pamphlets originaux en brochures *séparées*, Ire série, 1er, 2e, 10e, 24e

II. — Pamphlets originaux *reliés*, Ire série complète, sauf le pamphlet 10 (revisé).

III. — *De Choses et d'autres* (nouvelle édition), volume complet appartenant à M. le docteur Subert père.

IV. — *De Choses et d'autres* (nouvelle édition), volume mutilé, incomplet (mon exemplaire personnel).

V. — Pamphlets originaux en brochures *séparées*, IIe série, sous couverture verte.

VI — Œuvres complètes de C. Tillier, t. III et t. IV (Pamphlets), 1846.

Je ne parle pas ici des autres pamphlets en brochures qui précédèrent la Ire série des 24 et qui m'ont servi à établir d'autres textes de mon édition.

(2) Il ne peut donc pas être question d'un « résidu de brochures » reliées en volume, comme dit M. Cornu (*Qq. Rech.*, p. 23).

(3) M Cornu remarque justement qu'à partir du 11e pamphlet, Tillier ne publia plus qu'une brochure par chaque sujet.

Or, si sur les 637 pages que comprend l'édition en volume, 209 ont été revisées, pour des raisons diverses, il me semble que cela constitue bel et bien une édition nouvelle, qu'on peut appeler une édition revue et corrigée.

J'ai donc eu raison, n'en déplaise à M. Cornu, de « distinguer soigneusement » les brochures et le volume et « d'affirmer l'existence de 3 éditions » dont je connaissais, au moins un type :

1. — Édition en brochures envoyées aux abonnés en 1843 et 1844.

2. — Édition en un volume publié par Sionest en juillet 1844.

3. — Édition répartie dans les t. III et IV des Œuvres en 1846.

Les premiers pamphlets avaient été fort mal imprimés, et les abonnés durent certainement s'en plaindre, puisque, la première série terminée (fin juin 1844), Tillier annonce la seconde en promettant, dans une note à ses abonnés, que « la partie matérielle en sera plus soignée que l'année *précédente* ». Remarquez ce dernier mot. Tillier veut parler de l'année 1843; il fait donc allusion aux pamphlets parus de juillet 1843 à janvier 1844. Or, les pamphlets revisés 1, 2, 3, 4, 7, 8, 9, 10, sont tous précisément de l'année précédente, c'est-à-dire de 1843.

Examinons maintenant les améliorations apportées par Sionest pour offrir au public un volume convenable et mieux édité.

Les modifications portent :

I. **Sur les titres.** — Les caractères typographiques ont été changés, d'abord dans le titre général *De Choses et d'autres*, puis dans les titres des Pamphlets 1, 2, 4, 7, 8, 9, 10. — Ces caractères sont plus gros, plus nets et mieux disposés. Par exemple, le premier pamphlet en brochure portait ridiculement son titre en une seule ligne, tout au haut de la page, tandis que, dans l'édition en volume, ce titre, deux fois plus gros, s'étale au tiers de la page sur deux lignes imprimées en caractères différents.

II. **Sur la signature de Tillier.** — Dans l'édition en brochures, les pamphlets 1, 2, 3, 4, 7 sont signés C. T. et le 8e n'est pas signé.

Dans l'édition en volume, seul le 3e est signé C. T.; le 1er, le 8e et le 24e, Claude Tillier et les 19 autres C. Tillier.

III. **Les annonces mises pour les abonnés** à la dernière page des pamphlets 1, 2, 7, 9 — telles que: s'adresser franco à M. Sionest, etc.., ou, « la fin au 3e pamphlet; — ou, « la suite prochainement » ou,(1) l'annonce de l'édition en volume de *Mon Oncle Benjamin* chez W. Coquebert, Paris (1843), — ont disparu dans l'édition en volume.

IV. **La mise en pages** diffère; les lignes du texte ont été remaniées; il suffit pour s'en convaincre de comparer dans les deux éditions la dernière page du texte des huit pamphlets suivants:

	ÉDITION EN BROCHURES (1843)		ÉDITION EN VOLUME (1844)	
	—		—	
1. Comment l'Association.	Page 23.	20 lignes	Page 23.	8 lignes
2. Sainte Flavie.	Page 24.	5 —	Page 24.	6 —
3. Sainte Flavie (2)	Page 34.	23 —	Page 35.	4 —
4. Quelques pamphlets . .	Page 27.	11 —	Page 28.	7 —
7. Distribution de prix . .	Page 24.	17 —	Page 24.	7 —
8. Distribution de prix . .	Page 35.	12 —	Page 35.	9 —
9. Une croix de plus. . . .	Page 15	16 —	Page 15.	11 —
10. Mme Déal	Page 27.(3)	14 —	Page 27.	17 —

V. **Dans le pamphlet 4**, la longue citation (27 lignes) d'un passage de l'*Onguent contre la morsure de la vipère noire* a été reproduite en plus gros caractères dans l'édition en volume. De plus, on y a supprimé ces deux phrases:

1o « des veaux blancs à deux têtes et des chevaliers tri-

(1) Neuvième pamphlet.

(2) Les sujets de *Sainte Flavie* et de *Distribution de prix* formèrent chacun deux pamphlets.

(3) Avec cul-de-lampe représentant un tombeau. Le titre de ce pamphlet dans la brochure est imprimé Mme DÉAL, tandis que dans le volume on lit MADAME DÉAL et on a supprimé le cul-de-lampe.

colores à quatre, à huit, à dix, à treize consciences : vous en avez vu. »

« 2° les cendres du grand Napoléon : vous les avez vues. »

Cette dernière phrase a été reprise dans l'édition de 1846, ce qui prouve que, dans la revision de ce pamphlet, l'abandon de la première phrase fut réfléchi. Il y a encore l'expression « infectés *par* la vipère noire » (1843) remplacée (1844) par celle-ci « infectés *de* la vipère noire » qui est celle du texte de l'*Onguent*.....

VI. **Le texte des brochures de 1843**, à l'exception de deux, est rempli de fautes de ponctuation et d'accentuation ; certains mots sont mal orthographiés ; des noms propres sont écrits avec une minuscule et inversement des noms communs avec une majuscule. Il arrive que l'absence d'une virgule change le sens d'une expression.

Voici trois fragments :

I

ÉDITION EN BROCHURES (1843)	ÉDITION EN VOLUME (1844)
Mais moi quand on m'aborde, on me demande, sans même se donner le temps de m'ôter son chapeau ; et votre journal, quand reparaîtra-t-il ? quand aurons-nous un journal ? je suis obligé de leur répondre ce que disait un philosophe grec à Périclès : monsieur, quand on veut qu'une lampe éclaire, il faut avoir soin d'y mettre de l'huile.	Mais moi, quand on m'aborde, on me demande, sans même se donner le temps de m'ôter son chapeau : « Et votre journal, quand reparaîtra-t-il ? quand aurons-nous un journal ? » Je suis obligé de leur répondre ce que disait un philosophe grec à Périclès : « Monsieur, quand on veut qu'une lampe éclaire, il faut avoir *le* soin d'y mettre de l'huile. »
(Pamphlet I, page 5, ligne 20 à page 6, ligne 2).	(Pamphlet I, page 6, lignes 2 à 9).

II

ÉDITION EN BROCHURES (1843)

—

Prenez une feuille de papier, badigeonnez-*là* d'un peu de politique, et comme ces crânes de régiment qui se font appeler bras-de-fer, sans-quartier, mange-monde, brise-montagne, appelez-vous *le Patriote*, *l'Impartial*, *l'Indépendant*, vous ferez une peur terrible à l'administration, vous ne l'empêcherez pas de toucher ses appointemens, mais vous troublerez sa digestion,.....

(Pamphlet I, p. 7, lig. 8-16).

ÉDITION EN VOLUME (1844)

—

Prenez une feuille de papier, badigeonnez-la d'un peu de politique, et comme ces crânes de régiment qui se font appeler Bras-de-Fer, Sans-Quartier, Mange-Monde, Brise-Montagne, appelez (1) vous *le Patriote*, *l'Impartial*, *l'Indépendant*, vous ferez une peur terrible à l'administration : vous ne l'empêcherez pas de toucher ses appointemens, mais vous troublerez sa digestion,.....

(Pamphlet I, p. 7, lig. 14-22).

(1) Il y a dans l'édition 1844 entre *appelez* et *vous* l'espace notable du trait d'union qui n'a pas marqué à l'impression.

III

Je m'approchai de rechef. Une belle jeune fille de cire blonde était portée sur une civière triomphale, attelée de huit gros lévites, caparaçonnés de chasubles d'or; sa tête était parée d'une perruque blonde, frisée à l'instar de Paris, par le fer habile de M. Mativet. Elle était vêtue de velours écarlate, comme un César de Rome;.....

(Pamphlet II, p. 4, l. 3-9).

Je m'approchai de rechef. Une belle jeune fille de cire, blonde, était portée sur une civière triomphale, attelée de huit gros lévites caparaçonnés de chasubles d'or; sa tête était parée d'une perruque blonde, frisée à l'instar de Paris, par le fer habile de M. Mativet. Elle était vêtue de velours écarlate, comme un césar de Rome;.....

(Pamphlet II, p. 4, l. 3-9).

De la comparaison de ces trois fragments et de bien d'autres encore, il résulte que, sauf deux, les pamphlets de la première série, qui parurent en 1843, étaient indignes de figurer dans une édition en volume, mise en vente pour le public.

Je n'ai pas, comme M. Cornu, la superstition des documents originaux poussée au point de reproduire jusqu'aux fautes d'orthographe et de ponctuation non de l'auteur, mais du typographe, ainsi qu'il l'a fait faire pour le pamphlet-pétition; et, quand j'ai un texte meilleur, revisé sûrement par Tillier lui-même, puisqu'il ne mourut qu'en octobre 1844, — et peut-être le pauvre homme n'eut-il le temps de reviser que le tiers de ses pamphlets, ce qui expliquerait en partie l'identité des deux autres tiers dans l'édition-brochures et l'édition-volume, — je n'ai pas la sottise de repousser ce texte meilleur.

Est-ce à dire cependant, comme l'affirme péremptoirement M. Cornu, que je n'aie point fait état de l'édition-brochures? Je ne puis recommencer ici tout mon travail d'éditeur pour le plaisir de multiplier les preuves de mon attention; je me bornerai à mettre sous les yeux du lecteur un court fragment où l'on verra qu'il m'est arrivé d'opter pour la version du pamphlet original.

C'est la fin du neuvième pamphlet : *Une croix de plus.*

ÉDITION-BROCHURES (1843)	ÉDITION-VOLUME (1844)
Tout ce que pourrait faire M. Dupin pour notre évêque, ce serait de le citer, dans son premier discours au comice, comme un agriculteur très distingué; et encore il faudrait que M. *Dufêtre* lui promît de porter un toast en son honneur.	Tout ce que pourrait faire M. Dupin pour notre évêque, ce serait de le citer, dans son premier discours au comice, comme un agriculteur très distingué; et encore il faudrait que M. *Dupin* lui promît de porter un toast en son honneur.
Je dirai, dans mon *premier* pamphlet, comment d'autres expliquent la décoration de M. Dufêtre.	Je dirai, dans un *prochain* pamphlet, comment d'autres expliquent la décoration de M. Dufêtre.

N.-B. — Dans ces deux éditions, la syllabe *Du-* termine

une ligne ; il y a eu certainement, pour l'édition de 1844, distraction du typographe. L'édition de 1846 reproduisit l'erreur. De plus, elle supprima le dernier alinéa, comme inutile, puisque Tillier ne tint pas sa promesse. Dans mon édition de 1906, j'ai admis cette suppression.

ÉDITION 1846 (T. III, 205)	ÉDITION 1906 (P. 375)
Tout ce que pourrait faire M. Dupin pour notre évêque, ce serait de le citer, dans son premier discours au comice, comme un agriculteur très distingué ; et encore il faudrait que M. *Dupin* lui promît de porter un toast en son honneur.	Tout ce que pourrait faire M. Dupin pour notre évêque, ce serait de le citer, dans son premier discours au comice, comme un agriculteur très distingué ; et encore il faudrait que M. *Dufêtre* lui promît de porter un toast en son honneur.

IV

L'édition de 1846 et l'édition de 1906

Si l'on compare le texte de 1844 des fragments ci-dessus avec le texte de 1846 (Œuvres complètes, Sionest), on remarque que ces deux textes sont identiques.

L'édition revisée de 1844 a servi de base pour établir celle de 1846. Cela signifie-t-il que l'édition de 1846 soit de tous points conforme à celle de 1844 ? On ne saurait le soutenir avec cette rigueur. D'abord, il y a dans l'édition de 1846 d'autres pamphlets que ceux des deux séries figurant à la Bibliothèque nationale, de même qu'il y a, dans l'édition de 1906, quatre pamphlets non recueillis par Sionest (1).

(1) Je rappelle à ce propos que j'ai donné, p. 162 de mon édition, les *Tribulations des recenseurs à Nevers* en appendice au Pamphlet VII, *Je veux être recensé*. Après la mort de Tillier, Sionest, pour compléter le nombre promis des pamphlets de la seconde série, eut l'audace de baptiser pamphlet un article de journal paru dans l'*Association* sous la rubrique « *Variété* » ; mais il ne renouvela pas cette mystification dans l'édition des *Œuvres complètes*.

L'édition de 1846 (pour ce qui regarde les Pamphlets) a des qualités et des défauts. Ses qualités viennent de ce que l'éditeur a préféré au texte par trop fautif des pamphlets de 1843 le texte revu de 1844, et de plus, que pour cette édition il a été employé d'excellent papier.

Mais ses défauts sont assez graves. Elle est incomplète et mal distribuée ; elle renferme encore de nombreuses coquilles d'imprimerie, des fautes de ponctuation, des omissions de mots, d'expressions, voire de membres de phrases ; et, si je n'avais pas eu à ma disposition d'autres textes, j'eusse été souvent fort embarrassé.

Que M. Cornu, s'il a du temps à perdre, étudie par exemple les *Lettres au Système* pour lesquelles j'avais à ma disposition : 1° Le manuscrit de Tillier ; 2° les numéros de l'*Association* ; 3° une brochure d'août 1841 ; 4° l'édition de 1846 ; qu'il lise aussi les variantes et notes du pamphlet *Un peu de théologie...*, et il verra si je n'ai fait état que du texte de 1846.

Je n'ai pas l'outrecuidance de penser que mon édition de 1906 est sans défauts. Dans un volume in-8° de 688 pages, où les pages seules du texte de Tillier ont plus de quarante lignes, je n'ai pu, malgré toutes mes corrections d'épreuves obtenir une œuvre irréprochable (1). Telle qu'elle est, néanmoins, j'ai la certitude qu'elle constitue un progrès sérieux sur ses devancières. J'ai voulu donner une édition lisible aux gens de notre époque, et je me

---

(1) Puisque l'occasion m'en est offerte, je donnerai, en toute probité, l'*Errata* que je mettrais aujourd'hui à mon édition, à la suite d'une dernière lecture.

P. 64, l. 40. Au lieu de : il se trouvent quatre convives, *lire* il se trouve quatre convives.

P. 131, l. 4. Au lieu de : camment, *lire* comment.

P. 188. Texte : supprimer *Association* devant 10 juin 1843 qui est la date du dépôt légal de la brochure.

P. 254, l. 10 Au lieu de : Voltaire et Marat on pu, *lire* Voltaire et Marat ont pu.

P. 368, l. 5 Au lieu de : gouvermentales, *lire* gouvernementales.

P. 651, l. 29. Au lieu de citrouile, *lire* citrouille.

Je ne trouve dans le texte même de Tillier que deux coquilles, p. 64 et 651.

moque après cela des prétendues théories d'école qui ne font point appel au jugement.

On croit rêver, quand on lit, dans la brochure de M. Cornu des aphorismes de ce genre : « Toute correction n'a que la valeur d'une hypothèse, émanerait-elle du critique le plus autorisé. » Je lis par exemple, dans le texte original du neuvième pamphlet, p. 12, l. 3, cette phrase :

« Mais, si tu *es* la parole abondante et facile du sieur Dufêtre, évêque de Nevers, prêche pendant trois jours, sans cracher, etc... »

L'éditeur de 1844 et de 1846 rectifie sensément :

« Mais, si tu *as* la parole abondante et facile... »

Or, selon M. Cornu, cette correction est illégitime ; elle n'a que la valeur d'une hypothèse. Car il vous dira :

A qui imputer cette incorrection ?
Est-ce aux typos ?
Est-ce à Tillier ?

Est-ce à celui qui a copié le pamphlet pour l'impression ? etc., etc.

Et la conclusion de M. Cornu c'est qu'il faut religieusement reproduire la sottise imprimée ; et, ma foi ! joignant l'exemple au précepte, il nous a fait servir le plat du pamphlet-pétition.

V

Au terme de cette longue réponse, il me reste à dégager, pour ma propre édification, les règles originales sur lesquelles M. Cornu s'est appuyé dans sa recherche et sa critique des éditions de Claude Tillier :

I. — Tout ouvrage qui manque à la Bibliothèque nationale est « purement imaginaire » et doit être considéré comme inexistant. (*Qq. Rech.*, p. 25, 2° et 3° ; p. 19, l. 26-27 ; p. 22, l. 26-29 ; p. 23, l. 13-17).

II. — Quand on réédite un texte pour ses contemporains, on ne doit faire état que de l'édition originale qui se trouve à la Bibliothèque nationale, à l'exclusion de toute autre qu'on pourrait avoir en sa possession. (*Qq. Rech.*, p. 25, 3°).

III. — Il faut reproduire avec dévotion jusqu'aux fautes de typographie, parce qu'on ne sait jamais à qui les imputer. (*Qq. Rech.*, p. 28, l. 20-34 et le pamphlet-pétition).

IV. — L'art des citations consiste à séparer nettement une phrase de son contexte, une proposition d'une phrase, et, par un simple changement de temps, à transformer un sens particulier en un sens général. (*Qq. Rech.*, p. 22, l. 10) (1).

V. — On peut relever chez les autres des erreurs de transcription et en commettre soi-même avec impunité. (*Qq. Rech.*, p. 9, note 2, 1903, pour 1906 ; p. 28, l. 1, 1847 pour 1848).

VI. — Enfin, on n'est pas obligé, quand on fait publier un document, d'indiquer le dépôt public où l'on a établi sa copie. (*Qq. Rech.*, p. 27, 2°).

Evidemment de tels principes doivent mener fort loin leur homme. Ceux qui osent mêler un grain de bon sens à leur érudition n'ont qu'à se bien tenir. Comme votre serviteur, ils apprendront, tôt ou tard, à leurs dépens, « le sens et la force » (2) d'une telle critique.

26 juin 1908.

Marius Gerin.

P.-S. — M. le Dr Max Cornicélius, de Berlin, qui, mieux que personne, connaît les Pamphlets de C. Tillier, m'a fait l'honneur de m'écrire la lettre suivante. Elle servira

(1) Voir en outre ci-dessus, p. 15, note 1.

(2) Lettre de M. Cornu, 9 juin 1908 : « Votre lettre me prouve que vous ne saisissez pas exactement le sens et la force de mes critiques. »

de conclusion à cette polémique sur les éditions des Pamphlets.

Berlin, den 14 Juni 1908.

LIEBER HERR GERIN,

. . . .

Herr Cornu hat mir seine Brochure zugesendet, und ich begreife Ihre Erregung über die Form, in der er von Ihnen und Ihrer Ausgabe der Pamphlete spricht. Sie können mit Recht der Überzeugung sein, dass Sie mit dieser Ausgabe nicht nur eine mühsame, sondern auch eine reichhaltige, für jeden der sich in Zukunft ernstlich mit C. T. beschäftigen will unentbehrliche Arbeit geleistet haben. Die zahlreichen Verbesserungen, die sich da finden, gegenüber dem nachlässigen Text der Ausgabe von 1846, fallen doch leicht in die Augen. Dass hotzdem Verbesserungsbedürftiges stehen geblieben ist.— zB. p. 554 Zeile 2 von unten *plus* coupable (statt moins c.), p. 370. Zeile 10 von oben : *par* (statt

Berlin, le 14 juin 1908.

CHER MONSIEUR GERIN,

. . . .

M. Cornu m'a envoyé sa brochure, et je conçois votre irritation pour la forme dans laquelle il parle de vous et de votre édition des Pamphlets. Vous pouvez avec raison être convaincu qu'avec cette édition vous avez réalisé un travail non seulement difficile, mais encore plein de ressources, absolument indispensable pour quiconque veut s'occuper à l'avenir sérieusement de C. T. (Claude Tillier).

Les améliorations nombreuses qui s'y trouvent, à l'encontre du texte négligé de l'édition de 1846, sautent pourtant facilement aux yeux. Que, malgré cela, on y désire encore quelque amélioration, par ex. : p. 554, ligne 2, d'en bas — plus *coupable (au lieu de moins c...)* (1), *p. 370, ligne 10 d'en*

(1) Au point de vue du sens, il faut évidemment *moins* coupable et M. Cornicélius a raison, mais l'expression *plus coupable* se trouve dans l'édition-brochures, dans l'édition de 1844 et dans celle de 1846. Pour une fois que j'ai voulu appliquer une règle de M. Cornu, j'ai eu tort. — Quant à *par*, au lieu de *pour*, dans l'expression : « du sang versé par la patrie » qui se trouve aussi dans toutes les éditions, je crois qu'on peut l'admettre et le défendre par le contexte.

pour) und einiges andere wohl noch — das ist ein Schicksal, dem noch keine solche Ausgabe entgangen ist.

Da Sie Gesammtdruck der ersten Pamphletreihe aus dem Juli 1844 selber besitzen, so können Sie die in dieser Richtung gehenden Angriffe Ihres Gegners ja leicht und schnell abwehren. Das Exemplar im Besitz der Bibliothèque nationale ist in der Tat, wie ich mich seiner Zeit bei meiner genauen Prüfung selber überzeugt habe, nur eine Zusammenstellung der einzehnen Pamphlete, und ohne weitere Kenntnis muss man ja fast zu der von Herrn Cornu ausgesprochenen Ansicht kommen, es gäbe uberhaupt keinen anderen Druck. Nun, Sie haben eben den Gegenbeweis in Ihren Händen.

Was übrigens die grünen Umschläge der Pamphlete auch jener ersten Reihe betrifft, so glaube ich mich zu erinnern, dass Spuren davon noch an den beiden,

haut : par *(au lieu de pour) et peut-être bien quelque autre chose encore, — c'est une fatalité à laquelle aucune édition de ce genre n'a échappé.*

Puisque vous possédez l'édition en volume de la première série des Pamphlets de juillet 1844 même, vous pouvez bien facilement et rapidement repousser l'attaque dirigée en ce sens de votre adversaire.

L'exemplaire que possède la Bibliothèque nationale n'est en réalité, comme je m'en suis moi-même assuré dans le temps, par l'examen minutieux que j'en ai fait, qu'un recueil de Pamphlets isolés; et, si l'on n'a pas des connaissances plus étendues, on peut presque admettre la manière de voir de M. Cornu, qu'il n'y aurait généralement point d'autre édition. Or, vous avez justement en mains la preuve du contraire.

Pour ce qui regarde les couvertures vertes des Pamphlets aussi de cette première série, je crois me rappeler que des traces(1) *s'en remarquaient encore aux deux que*

---

(2) M. Cornicélius confond avec les pamphlets de la seconde série les pamphlets de la première série n'avaient pas de couverture, sauf le 1er pamphlet

die ich seiner Zeit Hernn Ropiteau für Sie zurückschickte, noch zu bemerken waren.

Kurzum, ich bin überzeugt, dass Sie Ihre ganze Arbeit an C. T. mit guten Gewissen und durch gute Tatsachen werden verteidigen können.

In diesem Gefühl und mit herzlichen Grussen und Wünschen für Ihr Wohlergehen bleibe ich wie immer

Ihr freundschaftlich ergebener

M. CORNICELIUS.

j'ai renvoyées dans le temps pour vous à M. Ropiteau.

Bref, je suis convaincu que vous pourrez défendre toute votre œuvre sur C. Tillier avec une bonne conscience et par de bons faits.

Dans ce sentiment et avec de cordiales salutations et des souhaits pour votre prospérité, je reste comme toujours

Votre amicalement dévoué,

M. CORNICELIUS.

ERRATUM

Page 24, ligne 6, *au lieu de :* autorisé, — *lire :* exercé.

PIÈCES JUSTIFICATIVES

Il a été déposé :

1° A la Bibliothèque municipale de Nevers,
2° Au siège de la Société nivernaise des sciences, lettres et arts,
3° A la Bibliothèque de la Société scientifique et artistique de Clamecy,

les

Reproductions photographiques (1).

de

Cinq pages de l'édition en brochures (1843-1844).

et de

Cinq pages de l'édition en volume (1844).

de la 1re série

« De Choses et d'autres »

Vingt-quatre Pamphlets

PAR

CLAUDE TILLIER

---

(1) 1° la couverture *« De Choses et d'autres »*;
2° la première page du premier pamphlet : *« Comment* l'Association *peut être remplacée »*;
3° la dernière page du premier pamphlet;
4° la première page du deuxième pamphlet (Ste Flavie);
5° la dernière page du dixième pamphlet (Madame Denl).

(On peut se procurer ce groupe de photographies chez M. GUÉROT, photographe, avenue de la Gare, à Nevers).

www.ingramcontent.com/pod-product-compliance
Lightning Source LLC
LaVergne TN
LVHW010409240826
846091LV00020B/2855

* 9 7 8 2 0 1 9 9 2 8 5 7 5 *